ନେହା ପାଇଁ ପ୍ରେମ କବିତା

ନେହା ପାଇଁ ପ୍ରେମ କବିତା

ଡକ୍ଟର ହରିକୃଷ୍ଣ ବେହେରା

ବ୍ଲାକ୍ ଇଗଲ୍ ବୁକ୍ସ

ଭୁବନେଶ୍ୱର, ଓଡ଼ିଶା

BLACK EAGLE BOOKS
Dublin, USA

ନେହା ପାଇଁ ପ୍ରେମ କବିତା / ଡକ୍ଟର ହରିକୃଷ୍ଣ ବେହେରା

ବ୍ଲାକ୍ ଇଗଲ୍ ବୁକ୍ସ : ଭୁବନେଶ୍ୱର, ଓଡ଼ିଶା ● ଡବ୍ଲିନ୍, ଯୁକ୍ତରାଷ୍ଟ ଆମେରିକା

 BLACK EAGLE BOOKS

USA address:
7464 Wisdom Lane
Dublin, OH 43016

India address:
E/312, Trident Galaxy, Kalinga Nagar,
Bhubaneswar-751003, Odisha, India

E-mail: info@blackeaglebooks.org
Website: www.blackeaglebooks.org

First International Edition Published by
BLACK EAGLE BOOKS, 2024

NEHA PAAIN PREMA KABITA
by **Dr. Harikrishna Behera**
Email: harikrishnabehera@gmail.com
Cell: 9937211560

Cover & Interior Design: Ezy's Publication

ISBN- 978-1-64560-525-6 (Paperback)

Printed in the United States of America

ଉତ୍ସର୍ଗ

ପତ୍ନୀ ଇନ୍ଦିରାଙ୍କୁ...

ପାଠକ ଅଦାଲତରେ...

ପ୍ରେମ ପାଇଁ : ପ୍ରେମିକର ସତ୍ୟପାଠ

ପ୍ରେମ :

ପ୍ରେମ ତ କରିଥିଲି ଚତୁର୍ଥ ଶ୍ରେଣୀରେ ପାଠ ପଢ଼ିଲା ବେଳେ ସେଇ ମୋଟି ଝିଅ ଝିଲ୍ଲି ସାହୁକୁ; ଯିଏ ମୋ ପ୍ରେମ ବନ୍ଧୁତ୍ୱକୁ ପିଲାଖେଳ ବୋଲି ହସରେ ଉଡ଼ାଇ ଦେଇଥିଲା। ଆଉ ଦ୍ୱିତୀୟ ଥର ପ୍ରେମ କରିଥିଲି କଲେଜରେ ପ୍ରଥମ ଦିନ, ପ୍ରଥମ ଦେଖାରେ ହିଁ ସେଇ ତନୁପାତଲି ମାରୱାଡ଼ି ଝିଅକୁ ଯିଏ ମୋ ପ୍ରେମକୁ, ହୃଦୟକୁ ପ୍ରତି ମୁହୂର୍ତ୍ତରେ କରିଚାଲିଲା ପଦାଘାତ। ଆଉ ମୁଁ ପାଗଳ ପ୍ରେମିକ ଆଜି ବି ତାକୁ ହୃଦୟ ଦେଇ ଭଲପାଏ। ଆଉ ଭଲ ପାଉଥିବି ମଧ ଶେଷ ନିଶ୍ୱାସ ଥିବା ପର୍ଯ୍ୟନ୍ତ। ସାତଜନ୍ମର କଥା ତ କହିପାରିବିନି କିନ୍ତୁ ଏ ଜନ୍ମର ଶେଷ ପର୍ଯ୍ୟନ୍ତ ସିର୍ଫ ଭଲ ହିଁ ପାଉଥିବି। ଆଉ ନେହା! ନେହା କିଏ....? ନେହା ହେଉଛି ମୋ କଞ୍ଚନାର ଏକ ଅନନ୍ୟା କାବ୍ୟନାୟିକା। ଯିଏ ଆସିଛି ଗହନରାତ୍ରିର ଅନ୍ଧାରରେ ଐଶ୍ୱର୍ଯ୍ୟା ରାୟର ରୂପନେଇ ତ କେବେ ଆସିଛି ଫକୀରମୋହନ ସେନାପତିଙ୍କ ରେବତୀ ହୋଇ। ଆଉ ମୁଁ...? ମୁଁ ତ ସିର୍ଫ ପାଗଳ ପ୍ରେମିକ। କେବଳ ଭଲପାଇବା ଜାଣେ। ଦେଖିଛି ଅତି ପାଖରୁ ନାରୀର ଉଲଗ୍ନ ଶରୀର, କିନ୍ତୁ କେବେ କରିନି ସ୍ପର୍ଶ। ଆଉ ସ୍ପର୍ଶ କରିନି ବୋଲି ତ ଆଜି ହୋଇଛି ସମାଲୋଚିତ। ମନକୁ ଯାହା ଆସେ ତାକୁ ଜୋର କରି କବିତାର ଗର୍ଭରେ ଖୁନ୍ଦି ଦେଇଛି। ତୁମେ କେବେ ଦେଖିଛ ମରୁଭୂମିର ମରୀଚିକାକୁ, ଚାତକର ତୃଷାକୁ... ରାଧାଙ୍କ ଚରମ ବ୍ୟାକୁଳତାକୁ... କେବେ ଅନୁଭବ କରିଛ କି ବସନ୍ତର ମଳୟ ବାରିକୁ.... ସେହି ବ୍ୟାକୁଳତା। ଅନୁଭବ ମଧ୍ୟରେ ତୁମ ସ୍ୱପ୍ନର ତାଜମହଲ ଯେପରିକି ତୁମର ଅନୁପସ୍ଥିତିରେ ସୂର୍ଯ୍ୟର ଆଗମନରେ କାଁ ମ୍ଲାନ ସେହିପରି କାହିଁକି କେଜାଣି ବ୍ୟତିବ୍ୟସ୍ତ କରେ ତୁମ ବିଚ୍ଛେଦ କେବଳ କିଛି ମୁହୂର୍ତ୍ତ ପାଇଁ କହି ପାରିବ...?

ଇତି

ପ୍ରିୟ ପ୍ରେମିକ

ହରିକୃଷ୍ଣ ବେହେରା

ତା. ୨୧. ୦୮. ୨୦୦୧

ସୂଚିପତ୍ର

ପ୍ରେମ କବିତା–୧

୧
ପ୍ରେମର ତୁଳନା
କହିପାରିବି ନାହିଁ ବୋଲିତ...
ସବୁ ବିଶ୍ୱାସକୁ
ନିଃଶ୍ୱାସ ବୋଲି ଭାବୁଛି ।

୨
ତୁମେ ପାଖେ ଥିଲେ
ଲାଗ ଚଇତାଲି
ଦୂରେ ଥିଲେ ଭାସି ଆସ
ଯେମିତି କାକଲି ।

୩
ଫଗୁଣର ପ୍ରୀତି ତୁମେ,
ଜୀବନର ଇତି
ବିରହର ଦୂତ ତୁମ
ମନ–ପ୍ରଜାପତି ।

୪
ଏଇତ ଜୀବନ, ଯାହା
ଯନ୍ତ୍ରଣାର ଅନ୍ୟ ଏକ ନାମ
ଏଇ ମୋର ପ୍ରେମ ଛଡା
ଆଉ ସବୁ ଅଲୋଡ଼ା, ଅକାମ୍ୟ ।

ପ୍ରେମ କବିତା-୨

୧

ନିତି ନିତି ଲେଖେ ପ୍ରିୟା
ତୁମ ପାଇଁ
ନୂଆ ନୂଆ କବିତା
କିନ୍ତୁ ତୁମେ
ସଦା କାଳେ ଜଳୁଅଛ
ହୋଇ ମୋ ସବିତା।

୨

ଖୁସିରେ ମୁଁ ଆସିଥିଲି
ପ୍ରୀତିର ପରଶ ପାଇଁ
ଖୁସିରେ ଯାଉଛି ଚାଲି
ଲୁହର ବରଷା ନେଇ।

୩

ପ୍ରିୟତମା !
ତୁମ ଲାଗି ଉନ୍ମୁକ୍ତ ମୋ'
ହୃଦୟର ଦ୍ୱାର,
ହେଲେ ତୁମେ ସବୁବେଳେ
ଲାଗ ଦୂର ଦୂର।

ପ୍ରେମ କବିତା–୩

-ପ୍ରେମ-
ପ୍ରିୟା,
କେବେ ଅନୁଭବିଛ କି
ପ୍ରେମିକର ପ୍ରେମକୁ
ନିରୋଳ ଜହ୍ନରାତିରେ.....?
ଯଦି ନା
ତେବେ ଆସ ଥରେ
ଜହ୍ନକୁ ମୁଁ ଧରାଇବି
ତୁମ ଦୁଇ କଅଁଳ ହାତରେ ।

-ପ୍ରଣୟ-
ହୃଦୟଟା ମୋର
ପଥରରେ ଗଢ଼ା ବୋଲି
ପାରୁନାହିଁ ଚିରି
ନହେଲେ ଦେଖାଇଥାନ୍ତି
ଲୁହର ସାଗର ସେଠି
ଅଛି କେଉଁପରି ।

-ବିରହ-

ଧରିତ୍ରୀ କାନ୍ଦେ
ବର୍ଷା ପାଇଁ
ବର୍ଷା କାନ୍ଦେ
ମେଘ ପାଇଁ
ମେଘ କାନ୍ଦେ
ସୂର୍ଯ୍ୟ ପାଇଁ
ହେଲେ ମୁଁ କାନ୍ଦେ
ତୁମ ପାଇଁ
ଖାସ୍ ତୁମ ପାଇଁ।

ପ୍ରେମ କବିତା-୪

-ଅନ୍ବେଷା-
ମୁଁ ମାଗିଥିଲି ପ୍ରେମର ନିଶା
ତୁମେ ଭରିଦେଇଗଲ
ବିରହର ଜ୍ୱାଲା
ଏବେ ମୁଁ ସିଝୁଛି
ନିଜକୁ ଖୋଜୁଛି ।

-ଚୁମା-
ଦେଖ ଦେଖ କହୁଛି
ପକାଇବି ବୋମା
ତୁମେ ଯଦି ମୋତେ
ନ ଦିଅ
ଗୋଟିଏ ଚୁମା ।

-ତୁମେ-
ତୁମେ କି ସେଇ ଅବିର
ଯିଏ ଦାଗ ଲଗାଇ ଦେଇଛି
ମୋ ମନର ଅଜଣା ଜାଗାରେ
ତୁମେ କି ସେଇ
ପ୍ରୀତି ଗଜଲ
ଯିଏ କି ମୋ ହୃଦୟକୁ
କରିଛି ମସଗୁଲ୍‌ ।

-ଅଳସୀ ଜହ୍ନ-

ତୁମେ
ଅଳସ ରାତିର ଜହ୍ନ......
ପାଇବାକୁ ମୋର
ମନ ହୁଏ ଛନଛନ।

-ବିଜୁଳି-

ତୁମକୁ ମାଗିଲି ମୁଁ
ତୁମର ଦୁଇଟି ପିଜୁଳି
ତୁମେ ଏପରି ଭାବେ
ଚାହିଁଲ ଯେ,
ଲାଗିଲା ସତେ
ଯେପରି ମୋ ଉପରେ
ପଡ଼ିଲା ବିଜୁଳି।

ଫୋଟୋଗ୍ରାଫ୍

ଏବେ ମନେପଡ଼
ବେଶୀ ବେଶୀ
ସ୍ୱପ୍ନରେ ଆସ ହସିହସି
ପାଖରେ ବସି
ହାତ ବୁଲାଇ ଆଣ
ମୋ ଅଲରା କେଶ ଉପରୁ
ତ କେବେ :
ବିନା ମତଲବରେ ପାଖକୁ ଡାକି
ଚୁମାରେ ଚୁମାରେ ଭରିଦିଅ
ମୋ ସର୍ବାଙ୍ଗ
ତ କେବେ :
ନାଗରାଣୀ ସାଜି ପାଖରୁ କରିଦିଅ ଅନ୍ତର ।
ତୁମେ କେବେ
ଛଳଛଳ ବୋହିଯାଉଥିବା
ନୀରବ ନଈଟିଏ
ତ କେବେ
ପାହାଡ଼ ହୃଦୟର
ଲାଜକୁଳୀ ଲତାଟିଏ
ତମେ କେବେ ଆସ
ଗହନ ରାତିର ସ୍ୱପ୍ନରେ ତ
କେବେ ଆସ
କବିତାର ଶଯ୍ୟରେ, ସ୍ୱଦନରେ ।

ମୁଁ ନିଜେ ହିଁ ଜାଣିପାରୁନି
କିପରି ଗ୍ରହଣ କରିବି
ତୁମର ଏ ଅଳି ଅଝଟକୁ
ତୁମେ ସବୁଦିନ ପାଇଁ
ମୋ ଆଗେ ରହିଗଲ
ଏକ ରହସ୍ୟ ହୋଇ
ତୁମେ ଏବେ ଆସିପାର
ମୋ ଛାତିର ସ୍ପନ୍ଦନରେ
ଆଉ ରାତ୍ରିର ସ୍ୱପ୍ନରେ
ତୁମେ ଆସିବା ଆଗରୁ
ମୁଁ ମନେ ମନେ ଗଢ଼ି ଦେଇଛି
ତୁମ ଫୋଟୋଗ୍ରାଫ୍ ।

ପାଗଳ ପ୍ରେମିକ

ଯେଉଁ ଦିନୁ ତୁମେ ଆସିଲ
ମୋ ନଜରରେ
ସେଦିନୁ ଏ ଆଖି ଭୁଲିଲା
ସବୁକିଛି ନିରେଖିବାକୁ
ଏହାକୁ କ'ଣ ପ୍ରେମ
କୁହାଯିବ ନା ପାଗଳ ମୁହୂର୍ତ
ଅବା ହୃଦୟର ଦୁର୍ବଳତା ।

ମୋ ଚାରିପାଖ ପୃଥିବୀରେ
ଏବେ କେବଳ ରହିଛି
ତୁମ ହସହସ ଚେହେରା
ବେଳେବେଳେ ଭାବେ
ମୁଁ କିଏ...? ଏ ବନ୍ଧନ କ'ଣ...??
ତୁମେ କିଏ ମୋର... ???
ଏକା ତୁମେ ହିଁ ମୋର ପ୍ରେମିକା
ଏଠାରେ ଦ୍ୱିତୀୟ କେହି ନୁହଁ
ଏହାକୁ କ'ଣ ପ୍ରେମ
କୁହାଯିବ ନା ପାଗଳ ମୁହୂର୍ତ
ଅବା ହୃଦୟର ଦୁର୍ବଳତା ।

ଦୁନିଆର ସବୁ ସୁଖ ମିଳିଛି
କିନ୍ତୁ ମୋତେ ଲାଗେ
ଆହୁରି କିଛି ମିଳିନି
ଯାହାକୁ ପ୍ରତୀକ୍ଷା କରାଯିବ
ଅନ୍ବେଷଣ କରିବାକୁ ପଡ଼ିବ ।

ନେହା, ରକ୍ତ ଗୋଲାପ
ଓ ଦୁଷ୍ଟ ପ୍ରଜାପତି

୧

ଦିନେ ଦେଖୁଥିଲି ତୁମକୁ
ଛଳଛଳ ହୋଇ ବହିଯାଉଥିବା
କିଶୋରୀ ନଈଟିଏ ଭାବେ
ଥିଲା ବି ସେଦିନ ତୁମ ପାଖେ
ପରକୁ ଆପଣାର କରିବାର
ମନ୍ତ୍ର ।

୨

ଆଜି ଦେଖୁଛି
ଯୌବନ କାନନରେ ଫୁଟିଛି
ରକ୍ତ ଗୋଲାପର ମହକ,
ଭ୍ରମରର ଶବ୍ଦରେ ଫାଟିପଡ଼ୁଛି
ତୁମ ଚାରପାଖ ପୃଥ୍ବୀ
ଆଉ ସେ ଶବ୍ଦରେ
ତୁମେ ପାଲଟି ଯାଉଛ
ଏକ ନିରୀହ ଲାଜକୁଳୀ ଲତା ।

୩

ଦିନ ଆସିବ
ଫୁଲ ମଉଳିବ
ଚାଲିଯିବ ଯୌବନ
ମତୁଆଲା ବସନ୍ତ ପାଲଟିବ
ଦୁଷ୍ଟ ପ୍ରଜାପତି
ଚାହିଁଥିବ ଚାତକ ପରି
ଚାଲିଯିବ ସମୟ
ରହିଯିବ ସ୍ମୃତି ହୋଇ ଚିହ୍ନ।

ପ୍ରିୟତମା, କାବ୍ୟ ନାୟିକା

୧
ତମେ ମୋର
ତମେ ମୋର
ମୁଁ ତୁମର
ମୁଁ ତୁମର
ଏକଥା କହନ୍ତି
ସବୁ ପ୍ରିୟ ପରିଜନ ।
ହେଲେ ଏଠି ମୁଁ କହିବି
କବିତାରେ ମୋ କଥା
ତୁମେ ଶୁଣି
ହେବ ନାହିଁ ବିବ୍ରତ ।

୨
ତମେ ନ ଜାଣ ପଛେ
ଆମ ଚଉଁରା ମୂଲେ
ସଞ୍ଜଦୀପ,
ହେଲେ ଜଳୁଥାଅ
ଚିରଦିନ ପାଇଁ
ହୋଇ ମୋ
ହୃଦୟ ପ୍ରଦୀପ ।

୩

ମୋର ତ ଅଧିକାର ନାହିଁ
ଡାକିବାକୁ ତୁମକୁ
ପ୍ରିୟତମା.. ପ୍ରିୟତମା..
କିବା... ପ୍ରେମିକା.. ପ୍ରେମିକା..
ହେଲେ ଏ ଅଧିକାର
ଟିକକ ଦିଅ
ଚିରଦିନ ପାଇଁ
ହୋଇ ରହିବ
ମୋ କାବ୍ୟ ନାୟିକା।

ଆକାଶ କୁସୁମ

ତୁମ ଗୋଲାପୀ ଓଠର
ସ୍ମିତ ହାସ୍ୟ
ଦିଶେ କେତେ ସୁନ୍ଦର
ହସ ନୁହେଁ ସେତ
ପ୍ରୀତିର ଏକ ଚିରନ୍ତନ ମନ୍ଦିର
ଏଇଠାଇ ପୁଣି ନଥାଅ
ଆକାଶ କୁସୁମ ସମ
ଅଢ଼େଇ ଅକ୍ଷର ପ୍ରେମକୁ ନେଇ
କେତେ ଯେ ବିରହ ଗୀତିକା ଗାଉଛି
ତୁମରି ସ୍ମୃତି ପାଇଁ
କିନ୍ତୁ ତୁମେ...
ପ୍ରେମିକା.. ପ୍ରେମିକା... ଡାକିବା ନାଁରେ
ନିତି ଦେଉଛ ମୋତେ ଭଣ୍ଡାଇ।

ପ୍ରିୟଜନ ଅନ୍ତର

ତୁମ ପାଇଁ ମୋ ପ୍ରତୀକ୍ଷା
ହୋଇଛି ନିଷ୍ଫଳ
ସବୁ ପ୍ରାର୍ଥନା ହୋଇଛି ବିଫଳ।

ତୁମ ପାଇଁ ମୋ ପ୍ରିୟଜନ
ହୋଇଛନ୍ତି ମୋ ପାଖୁ
ଅନ୍ତର
ତେବେ ବି ତୁମକୁ
ମୁଁ କେବେ କରିନି ପର।

ତୁମେ ପର
ମୋ ଶତଜନ୍ମର
ପ୍ରେମିକା, ପ୍ରିୟତମା
ଆଉ କାବ୍ୟ ନାୟିକା।

ରୁତୁରାଜ

ଯେଉଁଦିନ ତୁମେ
ମୋ ଆଗେ ହେଲ ପ୍ରସ୍ଫୁଟିତ
ସେଦିନ ରୁତୁରାଜ
ଆସିଥିଲା ମଲୟର ଅର୍ଘ୍ୟ ନେଇ
କୋଇଲି ବି ତୋଲିଥିଲା
ଅପୂର୍ବ ରାଗିଣୀ ।
ଚାରିପାଖ ପୃଥ୍ୱୀ ଝଙ୍କାରିତ
ହେଉଥିଲା ।
ପ୍ରେମମୟ, ପ୍ରେମମୟ ।

ତୁମେ ଭିଜୁଥିଲ
ସ୍ୱପ୍ନମାୟାପୁରୀରେ
ଆଉ ମୁଁ ତୁମକୁ
ପାଇବା ପାଇଁ
ହେଉଥିଲି ପାଗଲ...
ସିର୍ଫ୍ ପାଗଲ ।

ବସନ୍ତର ସ୍ପର୍ଶ

ଆଜି ଲାଗୁଛି
ବସନ୍ତର ପ୍ରତିଟି ସ୍ପର୍ଶ
ତୁମ କୋମଳ ଅଙ୍ଗର
ସ୍ପର୍ଶ ପରିକା।

ଲାଗୁଛି ସତେ ଅବା
ଏଇଠି ପାଖରେ ଅଛ
ଆଉ ଛୁଇଁ ଯାଉଛ
ମୋ ସମଗ୍ର ତନୁମନକୁ ।

ପ୍ରେମ ପିଆଲା

ପିଆଲା ମୁଁ
ପାତିଥିଲି
ପ୍ରେମର ମଦିରା ଆଶେ
ବିରହର ଗରଳ ଯେ
ତମେ ଦେଲ ଭରି
ଅବୁଝା ଆବେଗ ତୁମେ
ତଥାପି ଅଭେଦ୍ୟ
ନିଶ୍ୱ ମୁଁ ଆଜି ଏଠି
ହୃଦୟକୁ ଜାଲିସାରି।

ଫାଶୀ ଆସାମୀ

ମୁଁ ତୁମକୁ ଚାହେଁ
ଖାଲି ତୁମକୁ ଚାହେଁ
ଏକଥା ଧ୍ୱନିତ ହେଉ
ମୋ ଅନ୍ତରେ, ବାହାରେ
ଦିନର ଆଲୋକରେ
ରାତ୍ରିର ଅନ୍ଧାରରେ
ସ୍ୱପ୍ନରେ, ବାସ୍ତବରେ
ଶବ୍ଦରେ, ସ୍ପନ୍ଦନରେ
ସ୍ମୃତିରେ, ବିସ୍ମୃତିରେ

ମୋ ସାତ ଜନ୍ମ
ତପସ୍ୟାର ଫଳ ହେଉ
ତୁମେ ଥିବ ମୋ ପାଖେ
ମୁଁ ଥିବି ତୁମ ପାଖେ

କେବେ ଯଦି
ରୁଦ୍ଧ କାରାଗାରରେ ରଖ୍ୟ
ଫାଶୀ ଆସାମୀର
ଶେଷ ଇଚ୍ଛା କ'ଣ ବୋଲି
ପଚରା ଯାଏ
ତ କହିବି
ମୁଁ ତୁମକୁ ଚାହେଁ
ଖାଲି ତୁମକୁ ଚାହେଁ। ▪

ପ୍ରେମିକର ଶପଥ

ମୁଁ ଜାଣେ
ତୁମ ପ୍ରେମ-ସାନିଧ
ଏ ଜନ୍ମ ନୁହେଁ ଯେ
ଶତଜନ୍ମ ପରେ ବି
ପାଇ ପାରିବିନି ।
କେବଳ ମନକୁ ବୁଝାଇବା ପାଇଁ
କହୁଥିବି ପ୍ରିୟତମା... ପ୍ରିୟତମା..
ପ୍ରେମିକା.. ପ୍ରେମିକା... ।

ଆଜି ଏଇ ମୁହୂର୍ତ୍ତରେ
କରୁଛି ଶପଥ
କେବେ ବି ହେବିନାହିଁ
ତୁମ ଜୀବନ ପଥରେ ବିପଦ ।

ଯଦି କେବେ....
ଯଦି କେବେ ତୁମକୁ
ପାଇବାର ନିଶା
ହୋଇ ଉଠେ ପ୍ରବଳ
ସେଦିନ ମୁଁ ନିଜକୁ ନିଜେ
କରିଦେବି ନିଷ୍ଫଳ ।

ସ୍ୱପ୍ନର ତାଜମହଲ

ତୁମେ ହେଲ କିପରି
ଏତେ ନିଷ୍ଠୁର... (?)
ଦିନେ ତ ମୁଁ ଥିଲି
ତୁମ ହୃଦୟର ସ୍ପନ୍ଦନ
ଆଉ ଆଜି କିପରି ପାଲଟିଲି
କାଳଗ୍ରାସି ନିଆଁ।

ସେଦିନ ତୁମେ ହିଁ ତ
ବଖାଣିଥିଲ ଶାଶ୍ୱତ ପ୍ରେମର
ଇତିହାସ।
ଆଉ ଆଜି....
କେଇଟା ଦିନ ଭିତରେ
ବଦଳିଗଲା ପ୍ରେମର ପରିଭାଷା
ଭାଙ୍ଗି ଚୁରମାର ହୋଇଗଲା
ସ୍ୱପ୍ନର ତାଜମହଲ।

ପୁଣି ଥରେ ମନଭରି ଦେଖ୍‌ନିଅ
ତୁମ ଚାରିପାଖ
ଏ ମାୟା ଜଗତକୁ
ନ ହେଲେ ତା' ବି
ପାଲଟିଯିବ ଆସନ୍ତାକାଲି ବିଷ।

ଛିନ୍ନବୀଣାର ରାଗିଣୀ

ବେଲ ଅବେଲରେ
କିବା ରାସ୍ତାଘାଟରେ
ତୁମ ସହ ଦେଖାହେଲେ
କିବା ତମକଥା
ମନେ ପଡ଼ିଲେ
ମନ ମୟୂରୀ ନାଚେ
ମିଲନର ଅପୂର୍ବ ରାଗିଣୀ ତୋଲି
ଆଉ ସେଇ ଈପ୍ସିତ
ମୁହୂର୍ତ୍ତରେ ହୃଦୟ ଭରିଯାଏ
ଅଜଣା ପୁଲକରେ
ଅବା ଭାସିଯାଏ ମୁଁ
ମନ ସମୁଦ୍ର ଅଜଣା ଢେଉରେ
ତ କେତେବେଲେ
ରାଗିଣୀ ତୋଲେ, ଛିନ୍ନ ବୀଣାରେ
ଆଉ ସେଇ ମଧୁର ମୂର୍ଚ୍ଛନାରେ
ବିଭୋର ହୋଇ
ହଜାଇଦିଏ ନିଜକୁ
ତୁମ ପ୍ରେମ, ପ୍ରୀତି, ଫଲଗୁର
ବନ୍ୟାରେ ।

ଏ କ'ଣ ତୁମ ପାଇଁ
ଗର୍ବ ନୁହେଁ
ଜଣେ ହେଉଛି ତୁମ ପାଇଁ
ପାଗଳ,
ଆଉ ତୁମେ ତା'ର
ସବୁ ଆଶା, ସ୍ୱପ୍ନକୁ
କରୁଛ ବିଫଳ।

ପ୍ରେମର ଈଶ୍ୱରୀ

ହେ ମୋ ଈଶ୍ୱରୀ
ତୁମ ପ୍ରେମ-ସୁଧା ଦେଇ
ଏ ଜନ୍ମରୁ କର ମୋତେ ପାରି ।
ନିଃଶ୍ୱ ଆଜି ମୋ ଜୀବନ
ଆଉ ନାହିଁ ଏ ଶରୀରରେ ସ୍ପନ୍ଦନ
ମନଆଉ ହେଉନାହିଁ ଅମାନିଆ
ଘୋଷାରି ଚାଲିଛି
ଏ କମ୍ପନହୀନ
ଶରୀରକୁ ଧରି,
ଆଖିରେ ନାହିଁ ମୋ ସ୍ୱପ୍ନ
ନାହିଁ ମୋ ବୁକୁରେ ବସନ୍ତର
ମୃଦୁ ଶିହରଣ ।

ଜୀବନର ଶେଷଇଚ୍ଛା
ଥରୁଟିଏ କେବଳ
ମନଭରି ଦେଖିବାପାଇଁ
ତା'ପରେ ସବୁଦିନ ପାଇଁ
ଏ ଭବ ସଂସାରୁ ଯିବିତରି।

ପ୍ରଥମ ଦେଖା

ଜୀବନ କିଛି ନୁହେଁ
ତୁମଠୁ ଦୂରେଇ ରହି
ଥରୁଟିଏ କେବଳ
ଆସି ଦେଖିଯାଅ
ହୃଦୟର ଯନ୍ତ୍ରଣା
କେତେ ବିଷାକ୍ତ ।

ମୋ ଆଖି ଯେବେ
ତୁମକୁ ପ୍ରଥମ ଥର ଦେଖିଲା,
ତୁମଠାରୁ କିଛି
ଚୋରାଇ ନେଲା
ଯେବେ ମୁଁ ଜାଣିଲି
ତୁମକୁ ମୁଁ ଭଲ ପାଇ ବସିଛି
ସେତେବେଳେ ମୋ ପରିସ୍ଥିତି
କ'ଣ ହୋଇଥିବ
ତା' କ'ଣ ତୁମକୁ ଅଜଣା !

ଜୀବନ କିଛି ନୁହେଁ
ତୁମଠୁ ଦୂରେଇ ରହି
ପ୍ରତିଦିନ ଦେଖେ ମୁଁ ସ୍ୱପ୍ନ
ତୁମେ ହୋଇସାରିଛ

ମୋ ଅର୍ଦ୍ଧାଙ୍ଗିନୀ ।
ତ ସେତେବେଲେ ଲାଗେ
ମୋତେ ମିଲିଯାଇଛି
ଜଗତର ସବୁ ସୁଖ
ଐଶ୍ୱର୍ଯ୍ୟ ।

ଜୀବନରେ ଶେଷଦୀପ

ତୁମ ପ୍ରତାରଣାର ଅଗ୍ନିରେ
ନିଷ୍ଠ ଆଜି ମୋ ଜୀବନ
ସମୟର ଫୁତ୍କାରରେ
ବିତିଯାଇଛି କେତେ ଯେ ବସନ୍ତ
ତା'ର କଳନା ନାହିଁ ।
ସୂର୍ଯ୍ୟ ଉଏଁ ପୁଣି ଅସ୍ତ ଯାଏ
କିନ୍ତୁ ତୁମ ପ୍ରତାରଣାର
ଅନ୍ତ ନାହିଁ ।

ସତେ ଅବା ତୁମ ପ୍ରତାରଣା
ମୋ ଜୀବନର ପ୍ରତିଟି
ସଫଳତାକୁ
ପ୍ରତିରୋଧ କରୁଛି ।
ତୁମ ପାଇଁ ଜିଇଁ ଜିଇଁ
ମରୁଛି
ଜୀବନର ଶେଷ ଦୀପ
ଲିଭିଲା ପର୍ଯ୍ୟନ୍ତ
ସଂଗ୍ରାମ କରୁଛି... ।

କବିର ପ୍ରାୟଶ୍ଚିତ

ନେହା...
ତୁମକୁ କାବ୍ୟନାୟିକା କରି
ଯେଉଁ ଭୁଲ୍ କରିଛି
ତା'ର କ'ଣ ପ୍ରାୟଶ୍ଚିତ
ନାହିଁ .... ?

କେହି କେବେ ମାପିଛି କି
ସାତ ସମୁଦ୍ରର ଗଭୀରତା
କେତେ... ?
ଆଉ ମୁଁ ତ ଛାର
ମନୁଷ୍ୟଟିଏ
କିପରି ମାପିବି ତୁମ
ମନର ଗଭୀରତା ।

ସେଦିନ ଯଦି ଜାଣିଥାନ୍ତି
ମାପିବାଟା ଭାରି କଷ୍ଟ
ତେବେ ହୁଅନ୍ତି ମୁଁ ସେଥିରୁ
ବୃନ୍ତଚ୍ୟୁତ ।
ବୟସର ଚାପରେ
ଯାହା ମାପି ଶିଖିଥିଲି
ଏବେ ହେଲା
ଜୀବନଟା ପଥଭ୍ରଷ୍ଟ ।

ଆଇ ଲଭ୍ ୟୁ

ମୁଁ ଜାଣେ
ତୁମେ ଏତେ ସହଜରେ
ଧରା ଦେବନି
ମୋ କବିତାର ଆୟାରେ ।

ମୁଁ ଜାଣେ
ମୁଁ ଏଠି ବସି ଦିନ ଗଣୁଥିବି
ଆଉ ତୁମେ
ମୋନାଲିସାର ହସ ହସି
ମୋଠାରୁ
ଦୂରେଇ ଯିବାକୁ
ଚେଷ୍ଟା କରୁଥିବ ।

ମୁଁ ଜାଣେ
ତୁମ ଛାତିତଳର କଥା
ଯାହା ତୁମ ଗୋଲାପି ଓଠ
ପାଖକୁ ନିତି ନିତି ଆସେ
ଆଉ ନୀରବରେ ଫେରିଯାଏ ।

ମୁଁ ଜାଣେ
ତୁମେ କହିବି କହିବି
ହେଉଥିବା କଥାଟି
ଆଉ କିଛି ନୁହଁ
ସିର୍ଫ୍ ଆଇ ଲଭ ୟୁ
ଓନ୍ଲି ଆଇ ଲଭ ୟୁ ।

ପ୍ରେମର ସଂଜ୍ଞା

ତୁମକୁ ନେଇ
କେତେଯେ ସ୍ୱପ୍ନର
ତାଜମହଲ ଗଢ଼ିଛି
ତା'ର କଳନା ନାହିଁ ।

ତୁମକୁ ଆଜି ମୋର ପ୍ରଶ୍ନ
ପ୍ରେମର ମାନେ କ'ଣ .... ?

ପ୍ରେମ ହିଁ ଈଶ୍ୱର,
ପ୍ରେମ ହିଁ ଜୀବନ,
ପ୍ରେମ ହିଁ ପ୍ରେମିକ
ପ୍ରେମ ଏକ ଈଶ୍ୱରଦତ୍ତ କଳା ।

ପ୍ରେମ ସବୁକିଛି ହୋଇପାରେ
କିନ୍ତୁ, ପ୍ରେମ ଅଣ୍ଟାଳ ନୁହେଁ ।
ମାତ୍ର, ପ୍ରେମର ପଥ
କଣ୍ଟକିତ, ବିପଦପୂର୍ଣ୍ଣ
ତେବେବି କରନ୍ତି ଚିନ୍ତା
ମୁଁ ପରା ଅଛି
ତୁମ ପ୍ରେମିକ
ସିର୍ଫ ନେହାର ପ୍ରେମିକ ।

ପ୍ରେମପତ୍ର ଓ ଅମାବାସ୍ୟାର ଚନ୍ଦ୍ର

ମୁଁ ଜାଣେ
ମୋର ଅନୁପସ୍ଥିତିରେ
ମୋ ବହି ଥାକରେ ହାତମାରି
ଗୋଟି ଗୋଟି ବହି ଖୋଜିନିଅ
କେବେ ଯଦି ମୁଁ ଦେଖ୍‌ନିଏ
ତ' କୁହ "ଅମାବାସ୍ୟାର ଚନ୍ଦ୍ର" ବହି
ତ କେବେ କୁହ
ପ୍ରତିଭା ରାୟଙ୍କ 'ପୁଣ୍ୟତୋୟା'
ବହିଟା ଖୋଜୁଥିଲି ।
ମୁଁ ଜାଣେ
ତୁମେ ଖୋଜୁଥିବାଚିଜ ସମ୍ପର୍କରେ
ମୋ ବହି ଥାକରୁ ନୁହେଁ ଯେ
ହୃଦୟ ଥାକରେ ମଧ
ପାଇବ ନାହିଁ ।
ତୁମେ ଖୋଜୁଥିବା ଚିଜ
ଅନ୍ୟ କେଉଁ ଝିଅର ଲଭ୍‌ ଲେଟର...
ମାନେ ପ୍ରେମପତର ।
ମୁଁ ଜାଣେ
ତୁମେ ମଧ କେବେ ବି
ପାଇ ନଥିବ ପ୍ରେମ ପତର ।
କିନ୍ତୁ, ମୁଁ ତୁମକୁ

ତୁମ ଗନ୍ଧ, କବିତାର
ପ୍ରଶଂସା ଆଲରେ
ଦେଇଛି ପ୍ରେମପତ୍ର,
ମାତ୍ର ତୁମେ ଦେଇ ନାହଁ
ତା'ର ଉତ୍ତର ଓ
ଏହା କ'ଣ ତୁମ
ଭଲ ପାଇବାର
ସ୍ୱୀକୃତି ନୁହେଁ ।
ତେବେ କିଆଁ ଡର
ପେଟର କଥା
ଓଠରେ କହିବାକୁ ।
ମାତ୍ର ଥରୁଟିଏ ଖାଲି
କହି ଦିଅ
'ଆଇ ଲଭ୍ ୟୁ' ।

ଶାଶ୍ୱତ ପ୍ରେମ

ଜାଣି ନଥିଲି ପ୍ରେମ
ଶିଖାଇଲ ମୋତେ
ପ୍ରେମ... ଶାଶ୍ୱତ
ମନ ଓ ହୃଦୟର
ଅପୂର୍ବ ମିଳନ ।
ଯେବେ ମୁଁ ପାଲଟିଲି
ସଙ୍ଗା ପ୍ରେମୀ
ବାଛି ନେଲେ ଅନ୍ୟ ଏକ
ସାଥୀ
ରଚିବାକୁ ଘର
ସୁନ୍ଦର ସଂସାର ।

ଏବେ ମୁଁ ହୋଇଛି....
ପାଗଳ....
କେବଳ ତୁମକୁ
ଖୋଜୁଛି ।

ପ୍ରେମ ସଂଜ୍ଞା

ତୁମେ ପଚାରୁଛ
ପ୍ରେମ କ'ଣ.......... ?
କୋଠାଘର ଚାକଚକ୍ୟ
ନା କୁଡ଼ିଆର ମାଟିଲ୍ଣ ଓ

ବାସୁମତି ଚାଉଳର ମହମହ ବାସ୍ନା
ନା ବଗଡ଼ା ଭାତର ସ୍ୱାଦ।
ସ୍ୱିମିଙ୍ ପୁଲର ଚକଚକ ପାଣି
ନା ଗଡ଼ିଆର ଅସନା ପାଣି।

କାମନାର ଗନ୍ଧାଘର
ନା ସ୍ମୃତିର ଅଭୂଲା ଛବି।
ଦୂର ଆକାଶର ଟିକିତାରା
ନା ହାତପାଖର ଆଶାବାଡ଼ି।
ବସନ୍ତର ମଳୟ
ନା ସ୍ମୃତିର ବଳୟ।

ପ୍ରେମ ମୋ ପାଇଁ
ଈଶ୍ୱର
କିନ୍ତୁ, ତୁମ ପାଇଁ ପ୍ରେମ
କାମଶାସ୍ତ୍ରର ପ୍ରତି ଅଙ୍କ
ଆଉ ଧର୍ଷଣ।

ପ୍ରେମ ପାଉଣା

ଭଲପାଇବାର
ପୁରସ୍କାର ଦେଲ
ଅନ୍ତର ଭରି
ଭଲ ପାଉଥିଲି ବୋଲି
ତୁମ ରାସ୍ତାରୁ ମୋତେ
ହଟାଇଲ ।

ହେଲେ ହଟାଇ ପାରିବକି
ତୁମ ଆଉ ମୋ ମଧ୍ୟରେ ଥିବା
ସମ୍ପର୍କର ସ୍ମତିକୁ ।

ତୁମେ ହୁଏତ ଦିନେ
ମୋତେ ଭୁଲିଯିବ
ହେଲେ ମୁଁ
ସବୁ ଦିନ ପାଇଁ
ପୁରୁଣା ସ୍ମତି ନେଇ
ମୋ ହୃଦୟରେ
ଯନ୍ତ୍ରଣା ଅନୁଭବ କରୁଥିବି ।

ତୁମକୁ ଦିନକ ପାଇଁ ବି
ମାଗିନି, ତୁମ ଦେହ କିବା

ଉଷ୍ମ ଓଠର ଚୁମ୍ବନ।
ମୁଁ ତ ଚାହିଁଥିଲି
ଚିରଦିନ ଲାଗି
ତୁମ ହସ ହସ
ମୁହଁ ଦେଖିବା ପାଇଁ।

ତେବେ ବି ତୁମ
ଆମ୍ବ ସହିଲା ନାହିଁ
ନିଜେ ନ କହି
ମୋ କବିତାକୁ ପୋଡ଼ି
ବିଚ୍ଛେଦର ପାଚେରୀ
ଗଢ଼ିଲ।

ପ୍ରେମର ଇସ୍ତାହାର

ମୁଁ ନିଜେ ହିଁ ଜାଣେନା
ତୁମ ପ୍ରତି ମୋର ଏ
ଅନାବିଲ ଆକର୍ଷଣ
ଯେତେ ଦେଖୁଥିଲେ
ଲାଗେ ସୁନ୍ଦରଠୁ
ଆହୁରି ସୁନ୍ଦର
ଦି ପଦ କଥାରେ ମାଡ଼ିଆସେ
ତୃପ୍ତିର ମହାସମୁଦ୍ର ।
ତୁମେ ତ ସିର୍ଫ ତୁମେ ।

ତୁମ ହସ ହସ ଚେହେରା
ନାଚି ଆସେ ମୋ ଆଖି ଆଗେ
ମୁହୂର୍ତ୍ତେ, ମୁହୂର୍ତ୍ତେ ।
ଜୀବନର ଅର୍ଥ ନୁହେଁ
ଗୋଲାପର କଣ୍ଟା
ସେଥିରେ ବି ଅଛି
ତୃପ୍ତିର ସ୍ୱପ୍ନ ତାଜମହଲ ।

ସଦାକାଲେ ଜଳୁଥିବ
ମୋ ଅନ୍ତର ତୁମ ସ୍ମୃତିରେ
ଦିକ୍ ଦିକ୍ ହୋଇ

ଦିନେ ତୁମେ ହିଁ ତ ବାଢ଼ିଥିଲ
ମୋ ଆଗେ ଜୀବନ ଓ ପ୍ରେମର
ସଂଜ୍ଞା,
ଏଇ ମୋ ସ୍ମୃତିର ସାଇତା କବିତା
ଦେଲି ଉପହାର, ଜୀବନର ଏଇ
ଶେଷ ଇସ୍ତାହାର।

ଅଭିସାର-୧

ଦେଖାହେଲା
କେତେ ଯେ ଜନ୍ମ ପରେ ।
ଦେଖା ହେଲା ବେଳେ
ବର୍ଷୁଥିଲ ମଧୁ
ବହୁଥିଲା ମଲୟ
ଗାଉଥିଲା କୋଇଲି
ତୁମ କଅଁଳ ହାତଧରି
ଆଙ୍ଗି ଦେଉଥିଲି
ତୁମ ଗଣ୍ଡରେ
ଉଷ୍ଣ ଚୁମ୍ବନ ।

ତୁମ ଦେହର ବାସ୍ନା
ଆଖିର ଚାହାଁଣି
ମୋତେ କରିଥିଲା
ପାଗଳ ।

ତୁମେ ଥିଲ କାଉଁରୀକନ୍ୟା
ମୁଁ ପାଲଟୁଥିଲି
ତୁମ କାଉଁରୀ ସ୍ପର୍ଶରେ
ମେଣ୍ଢାଟିଏ ।

ଅଭିସାର-୨

ଏବେ ତ ଆସି ଯାଇଛି
ତୁମଠୁ ବିଦାୟ ନେବାର ବେଳ
ମୁଁ ଜାଣେ
ତୁମେ ବିଦାୟ ଦେବନି
ରାଗରେ ନୁହେଁ ଅଭିମାନରେ
ହେଲେ ବି କଣ୍ଠ ଦେଉଛି
ଆସିବି ବୋଲି।

ଏଠି ତ ଚାଲିଛି
ପେଟ ପାଇଁ ନାଟ
ସେଇଥିପାଇଁ ଘାଟ
ପାରି ହୋଇ ଯାଉଛି
ସହର
କିନ୍ତୁ, ଭୁଲିବିନି ଥରୁଟିଏ
ପାଇଁ ବି
ତୁମ ସ୍ନେହ ଓ ପ୍ରେମକୁ,
ଯାଉଛି ଡଙ୍ଗା ଲାଗିଲାଣି
ହସି ହସି ବିଦାୟ ଦିଅ।

ଏବେ ଅପେକ୍ଷାକର ମୋ
ଫେରନ୍ତା ପଥକୁ। ▪

ପ୍ରେମିକର ଅବସୋସ

ମନରେ ଏକ
ଅବସୋସ ରହିଗଲା
ତୁମକୁ ଡାକିଥିଲି
କହିବାକୁ ମନକଥା
ଖୋଲା ଆକାଶ ତଳେ
ଆସିବି କହି ଆସିଲନି
ତୁମ ପଥକୁ ଜଗିଜଗି
ମୁଁ ହେଲି ନୟାନ୍ତ ।

ତୁମେ ଆଉ କାହାର
ଘରଣୀ ସାଜିବା ପୂର୍ବରୁ
ମୁଁ ମନର ଅବସୋସ
ଚାହେଁ ତୁମକୁ
କହିବା ପାଇଁ ।

ନ ହେଲେ
ମୁଁ ମୋ ନିଜ ଭିତରେ ହିଁ
ପାଲଟିବି ଲମ୍ପଟ
ମନରେ ମୋର
ଏତିକି ହିଁ ଅବସୋସ ।

ମୁଁ ତୁମ ପ୍ରତିବିମ୍ବ

ମୁଁ ତୁମକୁ
ମୋ ହୃଦୟ ସିଂହାସନେ
ଛପାଇ ରଖି
ଚାହେଁ– ସବୁରାତ୍ରିର
ନାୟକ ହେବାକୁ
ତୁମ ମନ ଉପବନେ
ଜୁଇ, ଜାଇ, ହେନା ପରି
ଚହଟି ଯିବାକୁ ।

ତୁମ ଆଖି ଆଇନାର
ପ୍ରତିବିମ୍ବ ହୋଇ
ତୁମ ଅବୁଝା ମନର
ସାଜିବାକୁ ମିତ ।
ଚାହେଁ... ତୁମ ଦେହେ
ରକ୍ତ ହୋଇ
ତୁମ ଶିରା ପ୍ରଶିରାରେ
ହେବି ପ୍ରବାହିତ ।

ଚାହେଁ...
ତୁମ ହୃତ୍‌ପିଣ୍ଡର

ସ୍ପନ୍ଦନ ହୋଇ
ରହିବାକୁ ଚିରକାଳ
ମୁଁ ଚାହେଁ
ତୁମ ସୀମନ୍ତ ସିନ୍ଦୂର
ହାତବୃତ୍ତି ହୋଇ
ଦିଶିବାକୁ ସଦା
ଝଲମଲ୍ ।

ଚୁଇଂଗମ୍ ପ୍ରେମ

ଭଲପାଇବା
ତୁମ ପାଇଁ ହୋଇପାରେ
'ଚୁଇଂଗମ୍ ଖଣ୍ଡେ'
ଦାନ୍ତରେ ପେଷିବାର ମଜା
ଘୃଣା ପାଲଟିଯାଏ
ଫୋପାଡ଼ିଲା ବେଳେ।

ମୁଁ କିନ୍ତୁ,
ନିଜକୁ ଭାଙ୍ଗି ଭାଙ୍ଗି
ସଜେଇ ରଖିଛି
ତୁମ ଘୃଣା, ଅବହେଳା
ଆଉ ଲାଞ୍ଛନାକୁ
ମୋ ଭଲ ପାଇବା ମିଶେଇ
ମୋ ଟିକି ହୃଦୟ
ଭିତରେ।

ଭାରତୀୟ ପ୍ରେମ ମନ୍ତ୍ର

ଏ ମାଟି ଗାନ୍ଧୀର ନୁହେଁ ସୁଭାଷର
ଏ ମାଟି ଅଶୋକର ନୁହେଁ ଖାରବେଳର
ଏ ମାଟି ବିଧର୍ମୀର ନୁହେଁ
ଏ ମାଟି ହିନ୍ଦୁର
ଏ ମାଟି କାପୁରୁଷର ନୁହେଁ
ବୀର ଯୋଦ୍ଧାର
ଏ ମାଟି ମୂକ, ବଧିରର ନୁହେଁ
ବିପ୍ଲବୀର
ଏ ମାଟି
ପାକିସ୍ତାନ ଉଗ୍ରପନ୍ଥୀର ନୁହେଁ
କାରଗିଲ୍ ସହିଦର
ଏ ମାଟି ତୁମ ଭଳି
ସ୍ୱାର୍ଥଭିଳାଷୀ ପ୍ରେମିକାମାନଙ୍କର
ନୁହେଁ,
ଲୈଲା–ମଜ୍ନୁ
କେଦାର–ଗୌରୀଙ୍କ ଭଳି
ଅମର ପ୍ରେମିକ–ପ୍ରେମିକାଙ୍କ
ମାଟି ।

ଆଇ ଲଭ୍ ୟୁ

ସେଦିନ...
କହିବି, କହିବି କହି
କହି ପାରିଲିନି
ମୋ ମନର ଯେତେ
ଅକୁହା କଥା
ଯାହା କଥାରେ କହିହୁଏନା
କାଳିରେ ଲେଖି ହୁଏନା
କାମନାର ଜ୍ୱାଳା
ଦେହର ଭୋକରେ
ଦୁଇଟି ହୃଦୟର
ମିଳନ ହୁଏ
ମୁଁ ତୁମକୁ ଭଲପାଏ
ଭାରି ଭଲପାଏ ।

ପ୍ରେମର ସ୍ୱାଦ

ପ୍ରେମର ସ୍ୱାଦ
ଚାଖିନି ବୋଲିତ
ମନ-ଉଚ୍ଚାଟ ହୁଏ ।
କେମିତି କହିବି (.... ?)
ପ୍ରଣୟଟା ମିଠା ନା କଷା,
ହୃଦୟ ଢାଲି ଦେବାଟା
ଗୁମର କଥା ନା
ମିଛ ଲୋକହସା ।

କେମିତି କହିବି (..... ?)
ଥରେ ଓଠରେ ଛୁଇଁଲେ
କହିବି
ନଚେତ୍ ଥରେ
ଭିଜିଲେ କହିବି
ଭଲପାଇବାର ମାନେ
ଆକାଶର ଜହ୍ନ
ଅବା ଘାସର ଶିଶିର ।

ଛାଇ ଆଢୁଆଲେ

ମୋ ଆଖ୍ ତୋତେ
ଦେଖ୍‌ବା ପୂର୍ବରୁ
ତୁ ସବୁଦିନ ପାଇଁ ହଜିଯା
ସମୁଦ୍ରର ମହାଗର୍ଭରେ
କିବା ଆକାଶର
ଓଢଣା ତଳେ ଓ

ନ ହେଲେ
ମୋ ଦୃଷ୍ଟି ପଡ଼ି
ତୁ ପାଲଟିଯିବୁ
ଅସତୀ, କୁଲଟା
ବେଳ ଥାଉ ଥାଉ
ତୁ ଚାଲିଯା
ତୋ ନିରାପତ୍ତା ପାଇଁ।

ବିଶ୍ୱାସର ପୃଥିବୀରେ...!

ଖୋଜିଲି ତୁମକୁ
ଗୀତାରେ, ବାଇବେଲରେ
କୋରାନରେ ।

ଖୋଜେ ତୁମକୁ
ଈଶ୍ୱର, ଆଲ୍ଲା
ଯୀଶୁ, ବୁଦ୍ଧ ଭାବରେ
ମନ୍ଦିର, ମସ୍‌ଜିଦ୍‌ରେ
ଗୁରୁଦ୍ୱାରରେ ।

ଖୋଜୁଛି
ବଣଗିରିପାହାଡ଼କନ୍ଦର
ନଦନଦୀ, ସମୁଦ୍ରର
ଉଚ୍ଛ୍ୱାଳ ଢେଉରେ ।

ଖୋଜୁଛି ତୁମକୁ
ରାତ୍ରିର ତାରାମେଳେ
ସକାଳର କୁହୁଡ଼ିରେ
ଦିନର ସୂର୍ଯ୍ୟରେ
ଲକ୍ଷପତିର କୋଠାରେ
ଗରିବର କୁଡ଼ିଆରେ

ଉଇହୁଙ୍କା, ଗଛକୋରଡ଼ରେ
ହେଲେ ବି ପାରିନି ଦେଖ୍
ତଥାପି ଯାଇନି ହାରି...

ଥରୁଟିଏ କେବଳ
ଦେଖାଦିଅ
ମୋ ବିଶ୍ୱାସର ପୃଥିବୀରେ ।

ପ୍ରେମଗୀତ

ତୁମପରି ଏକ ଝିଅ
ବିରସ ମନରେ କାହିଁକି ବସିଛ
ଆନନ୍ଦରେ ନିଅ ପାଞ୍ଛୋଟି
ଦେଖିଲେ ତୁମରି ଚନ୍ଦ୍ରବଦନ
ଖାଲି ମନହୁଏ ଛନଛନ
ମୁଁ ଏକ ପ୍ରେମ ପାଗଳ
ଗେଲ କରିବାକୁ ହୁଏ ବିକଳ
ଈର୍ଷା ମନୋଭାବ ଦିଅ ପାଶୋରି
ବିତାଇବା ଆସ ପ୍ରେମ ରସରେ ମାତି ।

କି ପାଇଁ ହେଉଛ ଏତେ ବିକଳ
ଏମିତି ନୁହେଁ ପ୍ରେମ କାରବାର
ମତେ ଯଦି ପ୍ରକୃତରେ ପାଉଛ ଭଲ
ନାମ ଲେଖାଇ ଦିଅ,
କର୍ତ୍ତବ୍ୟ ପାଇଁ ଜନ୍ମଭୂମିର
ଲାଭ-କ୍ଷତିର ହିସାବ ରଖନି
କି ଯେ ଆମ ପ୍ରେମ ଚିର-ଶାଶ୍ୱତ ।

ବସନ୍ତର ପ୍ରଥମ ଆଲବମ୍

ତୁମେ ଆସିଲେ,
ମୋ ବଗିଚାରେ କଢ଼ିଗୁଡ଼ିକ ଫୁଟି
କିରକିର୍ ହୋଇ ହସି ଉଠନ୍ତି ।

ତୁମେ ଆସିଲେ,
ମୋ ଦେହରେ ନୂତନ ପୁରୁଷତ୍ୱ ଜାଗିଉଠି
ମୋର ସମସ୍ତ ଅଙ୍ଗକୁ ଚଳଚଞ୍ଚଳ କରେ ।

ତୁମେ ଆସିଲେ,
ମଲୟ ବହେ,
ପ୍ରକୃତିରାଣୀ ଆନନ୍ଦରେ ବିଭୋର ହୋଇ
ତା' ଆଖିରୁ ଆନନ୍ଦାଶ୍ରୁ ବର୍ଷା ଆକାରରେ
ବୁହାଇଦିଏ ।

ତୁମେ ଆସିଲେ,
ମୋ ନିଃସଙ୍ଗ ସମୟ ଭୁଲି
ନୂତନ ଜୀବନର ସନ୍ଧାନରେ ବାହାରେ ।

ବସନ୍ତର ଦ୍ୱିତୀୟ ଆଲବମ୍

ତୁମେ ଆସ,
ନିଦୁଆ ଆଖିରେ ସ୍ୱପ୍ନହୋଇ,
ମଦୁଆ, ଆଖିରେ ମାତାଲ୍ ହୋଇ।
ତୁମେ ଆସିଲେ,
ଚହଟିଯାଏ ବାସ ମାଟିରୁ ଆକାଶଯାଏଁ
ଡାକିଦିଏ କୋଇଲି
ଅମାନିଆ ମଳୟ ଛଡ଼ାଇନିଏ ସମସ୍ତ ଅଭିମାନ
ତୁମେ ଆସିଲେ,
ଲେଖେ ମୁଁ ନୂଆ ନୂଆ କବିତା
ଆଙ୍କେ ଭିନ୍ନ ଭିନ୍ନ ଚିତ୍ରପଟ।
ତୁମେ ମୋ, ଜୀବନ ଦୀପ
ସ୍ଥିର ଚିତ୍ରପଟ।

ସମ୍ପର୍କ ଓ ସ୍ମୃତି

ଆସିଥିଲ ତୁମେ
ସ୍ମୃତିର ବଳୟରେ
ଚାଲିଯାଉଛ
ଫଗୁଣର ମଳୟରେ ।
ଏଇ କିଛି ସମୟର
ବ୍ୟବଧାନରେ
ଛାଡ଼ିଦେଇଗଲ
ତୁମ ଆଉ ମୋ ଭିତରେ
ଜୀବନ ଓ ଜଳର ସମ୍ପର୍କ ।
ସ୍ମୃତି
ଏବେ ମୋ ଶରୀରରେ
ଆମ୍ବ ଅଛି ବୋଲି,
ପାଚ ନାହିଁ ଭଲ ।
କିନ୍ତୁ,
ଯେତେବେଳେ ଚାଲିଯିବ
ମୋ ପିଣ୍ଡରୁ ପ୍ରାଣ
ସେତେବେଳେ
ଢାଳୁଥିବ ଲୁହ ।

ସନ୍ଦେହୀ ପ୍ରେମିକା

ଆଜି ମୁଁ ଯାଇଛି ଜଳି
ସନ୍ଦେହ ନିଆଁରେ
କୁହୁଳି କୁହୁଳି
ତୁମେ ମୋଠାରୁ
ଯାଇଛ ଦୂରେଇ
ପାରୁନି ତୁମ ପ୍ରେମ କଳି ।

ନିଜର ବିଷକୁ ନିଜେ ମୁଁ ପିଉଛି
କାହାକୁ ଦେବି ମୁଁ ଦୋଷ
ପ୍ରେମ କଲା ମୋତେ
ପ୍ରତାରଣା
ସେଇ ମୋ ଅବସୋସ ।

ଶୂନ୍ୟ ପଡ଼ିଛି ହୃଦୟ ମନ୍ଦିର
ପ୍ରେମିକା ତ ସେଠି ନାହିଁ
ଭଲପାଇ ତମେ ଗଲ ଭୁଲି
ମୁଁ ନିଜକୁ ପାରୁନି ସମ୍ଭାଳି
ଏ ସମାଜ ଆଜି ଜାଣିଶୁଣି
ପାଦରେ ଦେଇଛି ଦଳି ।

ତୁମ ଅପେକ୍ଷାରେ

ସପନ ଦୁନିଆରେ
ଦେଖାଦେଇ ଗଲଚାଲି
ଖାଲି ପଡ଼ିଛି ମୋ
ହୃଦୟ କଳସୀ
ପ୍ରେମର ମଦିରା ମୁହାଁଟେ
ତୁମେ ଭରିବ ବୋଲି।

ସଜାଇ ରଖିଛି
ହଁସୁଲି ଶେଯ ମୁଁ
ସଜାଇଛି ମନବେଦୀ
ପ୍ରେମର ଫୁଲ ବୁଣି
ସଜାଇ ଦେଇଛି
ମୋ ହୃଦୟ ନଗରୀ।

ଥା' କହଁ
ଠିକଣା ବି ନଦେଇ ଗଲ ଚାଲି
କେମିତି ଲେଖିବି
ବିରହରେ ମୁଁ ଯେ ଆତୁର
ନିରାଶାରେ ସାଜିଛି
ଚାତକ।

ପ୍ରିୟ ସହଚରୀ

ଯଶ ସିନା ଲିଭିଯାଏ
ଦୂର ସେପାରିରେ
ସ୍ନେହ ସିନା ମିଶିଯାଏ
ମଶାଣି ଭୂଇଁରେ
ପ୍ରିୟ କିନ୍ତୁ ବଞ୍ଚିରହେ
ପ୍ରେମର ସ୍ମୃତିରେ...

ଅତୀତର ସ୍ମୃତି
କେତେ ଯେ ବେଦନାମୟ
ଦିନ ଚାଲିଯାଏ
ସ୍ନେହ ରହିଯାଏ
ରହିଯାଏ ପୁଣି କେତେ ଆଶା।

ଆମ ପୂର୍ବ ସ୍ମୃତି

ସତେ କେତେ ଭଲ ଥିଲା
ଆମ ପୂର୍ବଦିନ
ବାଲିରେ ଘର ଗଢ଼ି
ଦେଖିଥିଲେ ତାଜମହଲର ସ୍ୱପ୍ନ
ଏବେ ପାଲଟିଛି
ମଧ୍ୟାହ୍ନର ଜହ୍ନ।

ସେଦିନ କେତେ ସୁନ୍ଦର ଥିଲା
ଯେବେ ତୁମେ ରାଧା ଅଭିନୟ କରି
ପାଣି ପାଇଁ ଆସ
ଆମ କୂଅମୂଳକୁ
ଆଉ ମୁଁ...
ସେତେବେଳେ ବାଉଁଶନଳୀକୁ
ଫୁଙ୍କି ଦେଇଥିଲି ବଂଶୀ ଭାବି
ସାଇ ପଡ଼ିଶା ଯାଉଥିଲେ
ହସି ହସି ଗଢ଼ି
ଆଉ ତୁମେ..........
ଲାଜରେ ଯାଉଥିଲ ତରଳି।

ଏବେ ଯେତେ ଭାବିଲେ ବି
ଆଉ ଫେରିବନି ଆମ ପୂର୍ବଦିନ

କିମ୍ବା ପୂର୍ବ ଘଟଣାମାନ
ଏବେ କେବଳ ସେମାନେ
ବଞ୍ଚି ରହିବେ
ଆମ ହୃଦୟରେ
'ସ୍ମୃତି' ନାମକ ଆଲବମ୍ ହୋଇ।

ବୟସର ମାନଚିତ୍ର

ଏମିତି ସେଦିନ ବି ଖେଳୁଥିଲେ
ଆମେ ଲୁଚକାଳି ଖେଳ
ଯେବେ ତୁମେ ନାଲି ଫ୍ରକ୍ ପିନ୍ଧି
ମୋ ସହ ଖେଳ ଲୁଚକାଳି
ମୁଁ ତୁମ ଆଖିରେ ପଟିବାନ୍ଧି
ତୁମ ଦେହରୁ ଫ୍ରକ୍ ଖୋଲି
ଦେଉଥିଲି ଫୋପାଡ଼ି
ଆଉ ତୁମେ ମୋତେ
ଧରୁଥିଲ ଜାବୁଡ଼ି
ଆଉ ଆଜି ବଦଳି ଯାଇଛି
ବୟସର ମାନଚିତ୍ର
ବଢ଼ିଯାଇଛି ତୁମ ଶରୀରରେ
ଅଧିକା କିଛି ମାଂସ
ଆଉ ଆମ ମିଳାମିଶାକୁ
ସନ୍ଦେହ କରୁଛନ୍ତି
ପ୍ରିୟ ପରିଜନ।

ପ୍ରଥମ ସ୍ଵାଗତମ୍

ସତ କୁହ
ଯେବେ ତୁମକୁ ମୁଁ ପ୍ରଥମେ
କରିଥିଲି ସ୍ଵାଗତମ୍
ସେଦିନ ତୁମେ ମାପିଥିଲ କି
ମୋ ଦେହର ଉଚ୍ଚାପ,
ଆଖିର ଭାଷା
ନା, ମୁଁ କହିପାରିଲି
ମୋ ମନକଥା
ସେଦିନୁ ତୁମେ ଭୁଲିଗଲ
ମୋ ସୁପ୍ତ ଯୌବନରେ
କାମାଗ୍ନିର ବୀଜବୁଣି
ଏବେ ତୁମକୁ ଖୋଜୁଛି
ଦେହର ଉଚ୍ଚାପ ନୁହେଁ
ତୁମ ପ୍ରିୟ ଗ୍ରନ୍ଥ
କାମଶାସ୍ତ୍ରର ପ୍ରତି ଅଙ୍କକୁ
କୋଣାର୍କର ଶିଳାଲିପିରେ
ପୁନଃ ଜନ୍ମ ଦେବାପାଇଁ।

ନିର୍ବାସିତ କବିର ଦୁଃଖ

ଏବେ ନିର୍ବାସିତ କବି ମୁଁ
ସୃଜନରେ ନିମଗ୍ନ
ରାଷ୍ଟ୍ରଭାଷାରୁ ମାତୃଭାଷାକୁ
ରୂପାନ୍ତର,
କିଛି କଥାରେ, କବିତାରେ
ଗଢୁଛି ଏବେ ମୋ ପାଇଁ
ଏକ ଭିନ୍ନ ସମ୍ପର୍କର ସେତୁ।

ଯେଉଁ ସମ୍ପର୍କ ପାଇଁ
ମୁଁ ହରେଇଛି
ଭାଣିଜୀର ପ୍ରେମ
ମା'ର ସ୍ନେହ
ଆଉ ତୁମ ବନ୍ଧୁତ୍ୱ।

ଏବେ ପ୍ରିୟ ପରିଜନ ଆଖିରେ
ମୁଁ ଏକ ପଙ୍ଗୁ ମଣିଷ,
କାମରେ ନୁହେଁ, କଥାରେ ହିଁ
କାଟୁଛନ୍ତି ଅଙ୍ଗପ୍ରତ୍ୟଙ୍ଗ ଓ
କେତେକାଳ ଏମିତି ସୃଜିବି,
ମାତୃଭାଷାକୁ ଜାବୁଡ଼ିବି...(?)

ପ୍ରେମିକା : ସ୍ତ୍ରୀ

ମୁଁ ତୁମ ପ୍ରେମିକ ନୁହଁ
କିନ୍ତୁ, ମୋ ମନ ନେଲ ଚୋରାଇ
ମୁଁ ତୁମ ସ୍ୱାମୀ ନୁହଁ
ମାତ୍ର ଗଭୀର ରାତ୍ରିରେ
ମୋ ଅଙ୍ଗବସ୍ତ୍ର ଦେଉଛ
ଭିଜାଇ ।

ତୁମେ ଯଦି ପାର
ଭୁଲିଯିବାକୁ ପ୍ରୟାସ କର
ଆମ ସମ୍ପର୍କକୁ
ମୁଁ ଦେଇଛି ରଙ୍ଗ
ମୋ ଉସ୍ତୃଙ୍ଖଳ ଯୌବନକୁ
ଶିଳାଖଣ୍ଡ ରୂପି
ତୁମେ ଆଉ ଫିଟାଅନି
ତୁମ ପ୍ରିୟ କାମଶାସ୍ତ୍ର ଗ୍ରନ୍ଥ ।

ତୁମକୁ ମୁଁ ଭଲପାଏ

ମାତ୍ର ଥରୁଟିଏ ଯଦି
କହିଥାନ୍ତ ଖୋଲି
ତୁମ ହୃଦୟର ଭାଷା
କେମିତି ହୁଅନ୍ତା.... (?)
ପୃଥିବୀ କ'ଣ ପ୍ରଳୟ ହୋଇଥାନ୍ତା
ନା ପାରିଜାତ ସୁଗନ୍ଧ
ସାରା ଆକାଶରେ ଚହଟିଥାନ୍ତା !

ଆଖିର ଭାଷା
ହୃଦୟର ଯନ୍ତ୍ରଣା
ମନର ବେଦନାକୁ
ଥରେ ମାତ୍ର ଓଠ ଖୋଲି
କହିଦିଅନା
'ତୁମକୁ ମୁଁ ଭଲ ପାଏ"...।

କେବେ ଯଦି ମନେପଡ଼

ଦିନେ ଯେବେ ବୁଝିବ
ଏ ହତଭାଗା ପ୍ରେମିକ
ତୁମ ଅପେକ୍ଷାରେ ଝରାଇଛି
କେତେ ଲୁହ,
ଲେଖିଗଲି କେତେ କଥା
କେତେ ଗାଥା
ତୁମେ ବୁଝିବା ଭାଷାରେ।

କେବେ ଯଦି ମନେପଡ଼େ ମୁଁ
ଗୋପନ ଭାବେ
ଆଖ୍ତୁଲାଏ ଲୁହ ମିଶା ହସ
ଝରାଇବ ସେବେ
ତୁମ ତୁଳସୀ ଚଉରା ମୂଳେ।

ଜହ୍ନ ଆଲୁଅର ଝିଅ

ମୁଁ ଏବେ ବି
ତୁମ ଆସିବା ପଥକୁ
ଚାହିଁ ରହିଥାଏ
ହୁଏତ କେବେ ନୀଳଜହ୍ନଟିଏ
ହୋଇ ଉଇଁ ଆସିବ
ପାହାଡ଼ ସେପାରିରୁ ।

ତୁମ କଥା ଭାବି ଭାବି
ବେଳେ ବେଳେ
ମୁଁ ସମ୍ମୋହିତ ହୋଇଥାଏ
ଅଜଣା ପୁଲକରେ ।

ତୁମେ ଯଦି ଆସ
ପତ୍ରଫାଙ୍କରୁ ଝରିପଡୁଥିବା
ଜହ୍ନ ଆଲୁଅରେ ଛପି ଛପି
ଧ ସେତେବେଳେ
ମୋ ଚାରିପାଖ
ମହକି ଉଠିବ
ଅମାନିଆ ମଲୟର ବାସ୍ନାରେ
ଆଉ ତୁମକୁ ଦେଖ୍
ଚୁପି ଚୁପି ହସୁଥିବ
ଲାଜକୁଳୀ ଜହ୍ନ ।

ସ୍ମୃତି କିଛି ମୁହୂର୍ତ୍ତର

ସବୁକାଳ ପାଇଁ
ମୋର ହୋଇ ରହିବନିତ
ନ ରୁହ,
ସବୁଦିନ ପାଇଁ
ମୋତେ ଭୁଲିଯିବ ତ ଭୁଲିଯାଅ।

ତୁମକୁ କେଉଁ ସୁଖରେ
ରଖିବାର ପ୍ରତିଶ୍ରୁତି
ଦେଇପାରିବି ଯେ
ତୁମ ହାତଧରି, ଓଠଧରି
ନେହୁରା ହେବି।

ଏଇ ଅଳ୍ପଦିନର ଦେଖାରେ
ଯାହା ଦେଇଛ
ତା' କଣ କମ୍.... (?)

ତୁମେ ଦେଇଥିବା
ସବୁ ସ୍ମୃତିକୁ
ମୁଁ ଏବେ ସାଇତିଛି
ମୋ ହୃଦୟ ଆଲବମ୍‌ରେ
ତୁମ ଚିଠି, ଗ୍ରିଟିଙ୍ଗସ୍
ଗୋଲାପି ଓଠର ଚୁମା
ଆଉ ନିବିଡ଼ ନିବିଡ଼ ଆଶ୍ଲେଷ ।

ସ୍ମୃତିର ପ୍ରେମିକ

ଏବେ ଦୁଃଖ ହୋଇଛି
ଏକାନ୍ତ ନିଜର
ହାତଛଡ଼ା ହୋଇଛି
ସୁଖର ମୁହୂର୍ତ
ଆଉ ଅଝଟ୍ କରିବାର
ପ୍ରିୟ ସକାଳ ।

ଯିବା ପାଇଁ ବାହାରିଲ ତ
ଯାଅ,
ପଛରୁ ଫେରନି
ଏବେ ତୁମକୁ ଝାଡ଼ିଝୁଡ଼ି
ଦେଇଦେଉଛି
ମୋ ବଳକା ଆୟୁଷ
ଏତିକି ନେଇ
ଯେଉଁଠି ରୁହ ପଛକେ
ସୁଖରେ ରୁହ ।

ମୋ ପାଇଁ କରନି ଚିନ୍ତା
ମୁଁ ବଞ୍ଚିଯିବି
ଆମ ଅତୀତ ସ୍ମୃତିକୁ
ଦୋହରାଇ, ଦୋହରାଇ ।

ସ୍ୱପ୍ନ ଶୃଙ୍ଗାର (୧)

ଏବେ ପ୍ରତିରାତ୍ର
ନିଜସହ ନିଜେ ହିଁ
ଶୃଙ୍ଗାର କରି
ପାଉଛି ଅଫୁରନ୍ତ ଆନନ୍ଦ
ଚିନ୍ତା ବି ଆଉ ନାହିଁ
ଜନସଂଖ୍ୟା ବଢ଼ିବାରେ
କିବା ଏଡ୍‌ସର ଭୟ।

ଏବେ ପ୍ରତିରାତ୍ରରେ
ଶୃଙ୍ଗାର ବେଶେ
ଓହ୍ଲାଇ ଆସନ୍ତି
କିଛି ଫିକା ଫିକା ମୁହଁ
ଯାହା ସହିତ ସହବାସ କରି
ପାହିଯାଏ ରାତି।

ମନବି ଆଉ ହେଉନି
ବିକଳ,
ଯିବାକୁ ଦାରିଘର
କିବା ଗାଁ ଶେଷମୁଣ୍ଡ
ଚିତ୍ରାଳୟ ।

ଏବେ ମିଛ ସ୍ୱପ୍ନକୁ ହିଁ
କୁହାଯିବ
ଭାଙ୍ଗି ଯାଇଥିବା
ଆଇନାର ପ୍ରତିବିମ୍ବ
ଏପରି ଏପରିରେ
ସରିଯାଏ ସମୟ
ଆଉ ଚାଲିଥାଏ
ସ୍ୱପ୍ନରେ ସ୍ୱପ୍ନରେ ଶୃଙ୍ଗାର !

ସ୍ୱପ୍ନ ଶୃଙ୍ଗାର (୨)

ମୁଁ ଜାଣିଛି
ଏବେ ମୋତେ ହେଉଛି
ଭୀଷଣ ଶୋଷ
ହାତପାଖେ ଅଛି
ସ୍ୱିଚ୍ ବୋର୍ଡ
ତଥାପି ପାରୁନି
ଅନ୍ କରି ।

ଏପଟେ ତୁମେ ଶୋଇଛ
ମୋ ଶେଯେ
ଆଉ ମୁଁ ଶୃଙ୍ଗାର କରୁଛି
କାମଶାସ୍ତର
ପରସ୍ତେ ପରସ୍ତେ ।

ଏବେ ଭିଜିଲାଣି ପିନ୍ଧାଲୁଗା
ସେପଟେ ତୁମାରେ ତୁମାରେ
ଭିଜୁଛି, ତୁମ ଦେହ ସାରା ।

ଭିଜିଲି ଯେବେ
ସକାଳର କଅଁଳିଆ
ଖରାରେ
ଦେଖିଲି ଏକା। ହଁ ଏକା।
ପଡ଼ିଛି
ରାତିସାରା।

ସ୍ୱପ୍ନ ଶୃଙ୍ଗାର (୩)

ମୁଁ ଏବେ
ମୁହଁ ଲୁଚାଇ ଦେଉଛି
ତୁମ ଦୁଇ ସ୍ତନର ମଧ୍ୟ ଭାଗେ
ଆଉ ତୁମେ ଲାଜେଇ ଯାଇ
ଲୋଟି ପଡ଼ୁଛ ମୋ ଛାତି ଉପରେ
ବାଃ... ବାଃ... କି
ରୋମାଣ୍ଟିକ୍...
ବାହାରେ ଚାଲିଛି
ବର୍ଷାର ଉତ୍ପାତ
ଭିତରେ ଚାଲିଛି
ଆମ ଦେହ ସହ
ଦେହର କସରତ ।

ସକାଳେ ଦେଖିଲା ବେଳେ
ଏକା ଏକା ପଡ଼ିଛି ପଲଙ୍କେ
ବାକିନାହିଁ ବୁଝିବାକୁ
ରାତ୍ରିର ଶୃଙ୍ଗାର ବେଳେ
ନିଜେ ହିଁ ନିଜକୁ କରୁଛି
ନିର୍ବଳ,
ଆଉ ପାଲଟୁଛି
ଶୃଙ୍ଗାର ମାୟାରେ ପାଗଳ ।

ସ୍ୱପ୍ନ ଶୃଙ୍ଗାର (୪)

ଦେହ ପାଇଁ ଦେହଟିଏ
ଲୋଡ଼ା ବୋଲିତ
ଏବେ ଫାଟି ପଡ଼ୁଛି
କୋଲାହଲରେ
ଆମ ଆଖପାଖ ।
ଦେଖୁଛି ନିଜକୁ ବିବସ୍ତ୍ର କରି
ପାଖେ ନାହିଁ ଶୃଙ୍ଗାରର
ଆଉ ଏକ ଦୃଶ୍ୟ ।
ଏପରି ଅପେକ୍ଷି ଥିଲେ କି ... (?)
କୋଣାର୍କର ବାରଶହ କାରିଗର
ଫୁଟାଇ ପାରିଥିଲେ ଯେଉଁମାନେ
ଶୃଙ୍ଗାରର ଜୀବନ୍ତ କୋଣାର୍କ ।
ଭୋକ ପାଇଁ
ଖାଦ୍ୟ ଯେତିକି ଲୋଡ଼ା
ସେତିକି ବି ଲୋଡ଼ା
ଦେହର ଭୋକ ପାଇଁ
ଏକ ଶୃଙ୍ଗାର କଳା ।

ତୁମ କଥା ମନେପଡ଼େ

ଏବେଠୁ ଏଇ ମୁହୁର୍ତ୍ତରୁ
ଏମିତି ଚାହିଁ ରହିଥିବି
ପୁଣି ତୁମେ ଫେରିବା ପର୍ଯ୍ୟନ୍ତ ।
କେବେ ସ୍ୱପ୍ନରେ ସୁଦ୍ଧା ଭାବିନଥିଲି
ଦିନେ ଏମିତି ମୋତେ
ଏକୁଟିଆ କରି ଚାଲିଯିବ ବୋଲି
ଆଉ ମୁଁ ଏକା ଏକା
ନିର୍ଜନ ଘରେ ଆମର ସ୍ମୃତିକୁ ବଞ୍ଚାଉଥିବି ।
ତୁମେ ଏଠୁ ଚାଲିଗଲା ପରେ
ଏଠି ସମସ୍ତେ ପାଲଟିଛନ୍ତି ମୂକ
ଏଠାକାର କ୍ୟାଣ୍ଟିନ୍, ପାର୍ଲର, ପାର୍କ
ଲାଇବ୍ରେରୀ, ପ୍ଲାଟଫର୍ମ, ମ୍ୟାଗାଜିନ୍ ଷ୍ଟଲ
ତୁମ ପାଇଁ ପାଳୁଛନ୍ତି
ମୌନବ୍ରତ ।

ତୁମେ ଗଲାପରେ
ବସନ୍ତ ହୋଇଛି ଏଠି
ଅନୁପ୍ରବେଶ
କୋଇଲି ପାଲଟିଛି ମୂକ
ବଗିଚାର ଫୁଲଗଛମାନେ ବି
ଯାଇଛନ୍ତି ମଉଳି ।
ଆମ ଚିର ପରିଚିତ

ନିତିଦିନିଆ ରାସ୍ତା ବି
ଖୋଜିଲା ଖୋଜିଲା
ଦୃଷ୍ଟିରେ ଚାହୁଁଛି ।
ବୋଧହୁଏ ପଚାରିବାକୁ
ସାହାସ ଅଣ୍ଟୁନି
ନେହା : କେବେ ଫେରିବ.... (?)
ମୋ ଉପରୁ ଦେଇ
କ'ଣ ମର୍ଷ୍ଟିଂ୍ତୋକ୍
କଲେଜ ଯିବାକୁ ଆସିବନି ।
ମୁଁ ଏବେ ସେମାନଙ୍କୁ କି ଉତ୍ତର ଦେବି .... ?
ଏଇ ରାସ୍ତାରେ ନା
ଆମେ ଦୁହେଁ
ଖେଳୁଛେ, ଦୌଡୁଛେ
ହେଲେ ଆଜି...

ଏକା ଏକା ଆଜି
ମୁଁ ଗଲାବେଳେ
ମୋତେ ଲାଗୁଛି
କ'ଣ ସତରେ
ତୁମେ ମୋ ଠାରୁ
ଦୂରେଇ ଯାଇଛ... ?
ଶୁଣିଲୋ ତୁମେ ମୋତେ
ବିଶ୍ୱାସ କରିବନି
ତୁମେ ବ୍ୟବହାର କରୁଥିବା
ସବୁଜିନିଷକୁ ମୁଁ ଏବେ
ମୋ ହୃଦୟ ସଂଗ୍ରହାଳୟରେ ସାଇତି ରଖୁଛି ।
ଏପରିକି ତୁମେ ଚା' ପିଉଥିବା
କପ୍‌ଗୁଡ଼ିକ ମଧ୍ୟ
ସିର୍ଫ୍ ତୁମ ସ୍ମୃତିକୁ
ମନେ ପକାଇବା ପାଇଁ ।

ମୋ ଲାଇବ୍ରେରୀ

ଆଉ ଏବେ କେମିତି ଅଛ.... ?
ମୁଁ ଈର୍ଷା କରିଲେ ତ
ତୁମେ ଜଳିଯାଉଥିଲ
ମୁଁ ଭଲ ପାଉଛି ବୋଲି
କହିଲେ ତ
ତୁମେ ମୋ ଠାରୁ ବଳିଯାଉଛ
ବୋଲି କହୁଥିଲ।
ଆଉ ଏବେ କେମିତି
କାଟୁଛି ବେଳ
ଯେଉଁଠି ନାହିଁ
ବହି ଆଉ ପତ୍ରିକାର
ସକାଳ
ତୁମ ପାଇଁ ତ ଗଢ଼ିଛି
ମୁଁ ପାଠାଗାର
ଯେଉଁ ବହିରେ
ତୁମେ ଦେଇଛ ହାତ
ସେ ବହି ପାଲଟିଛି
ମୋ ପାଇଁ ମହାଗ୍ରନ୍ଥ।
ଆଉ ଏବେ କେମିତି ଅଛ....
କ'ଣ ସେଠିବି ଯାଉଛ
ନିତି ଲାଇବ୍ରେରୀକୁ...?

ତୁମେ ବେଶୀ ଭଲପାଉଥିବା
ଭବାନୀ ସାରଙ୍କ ବହି
'ହୁତୁହୁତ' ଓ ବିଷ୍ଣୁସାରଙ୍କ
'ପାରୁଲର ପ୍ରେମିକ'
ମୁଁ ଡାକରେ ଦେଇଛି ପଠାଇ,
ତୁମେ ମଧ ବହିପାଇ
ଜଣାଇଲ ନାହିଁ ଧନ୍ୟବାଦଟିଏ।
କେମିତି ପାଲଟିଗଲ
ଏତେ ଶୀଘ୍ର ହୃଦୟହୀନା।
ଦିନେ ମୁଁ ତ ଥିଲି
ତୁମ ମନର ଆଇନା
ଆଉ ଏବେ ପାଲଟିଛି
ଦୂର ଦିଗବଳୟର ଜହ୍ନ।

ଅପେକ୍ଷା ତିନୋଟି ନିରୋଳ ମୁହୂର୍ତ

- ୧ -

କେବେ ଯଦି ସ୍ୱପ୍ନରେ ଆସ ତ
କାଶତଣ୍ଡି ଫୁଟିଯାଏ
କେବେ କେବେ
ଆନମନା ହୋଇ
ଚାଲିଯାଅ ଦୂରକୁ ଯେ
ଫେରିବାର ଶେଷସୀମା ବି
ସମାପ୍ତ ହୁଏ
ତୁମେ
ବସନ୍ତର ମୋହ
ନା କ୍ଷତାକ୍ତ ହୃଦୟର କୋହ।
କିଏ ତୁମେ ଅନନ୍ୟା...??
ଯାହାର ଅପେକ୍ଷାରେ ହଜାଉଛି
ମୋର ବଳକା ଆୟୁଷ...

- ୨ -

ତୁମ ଅପେକ୍ଷାରେ
ସରି ଆସୁଛି ମୋ ଯୌବନ
ସମୟ ସହ ତାଳଦେଇ
ଯୌବନର ସ୍ମୃତି ନୁହେଁ ଯେ

ସାଇତି ରଖିଥାନ୍ତି।
ତୁମେ ବି ଆସିବ ଆସିବ କହି
ଆସିଲନି, କିନ୍ତୁ
ମୁଁ ଏପଟେ
ବସନ୍ତକୁ ଆଣି ଘର ସଜାଇଛି
ମଲୟକୁ କହି ଘର ମହକାଇଛି
ଏବେ କେବଳ
ତୁମ ଅପେକ୍ଷାରେ
ଦିନ ବିତୁଛି....

-୩-

ତୁମେ ପ୍ରୀତି ନା ପାର୍ବଣ
ସ୍ମୃତି ନା ଶ୍ରାବଣ
ଯେବେ ଆସ
ମନ ଆକାଶରେ
ପ୍ରେମର ଭସାବାଦଲ
ଛାଇଯାଏ।

ଶେଷ ବିଦାୟ

ବିଦାୟ ନେଉଛି ଶେଷରେ ତୁମଠୁ
କରିବନି ଜମା ଅଭିମାନ,
କବିତାରେ ଯାହା କହିଗଲି
ତାହା ନୁହେଁ ମିଛ ବୟାନ ।

ମୋ ଜୀବନର ନିରୋଳା ସତ୍ୟକୁ
ଦେଇଛି କବିତାର ରୂପ
ପଢ଼ି ଜମା ମନେ କରିବନି ଅନୁତାପ।

ଏ ଜନ୍ମରେ ନାରୀ ହୋଇ
ହେଲ ଅସଫଳ ପ୍ରେମିକା,
କିନ୍ତୁ, ଈଶ୍ୱରଙ୍କୁ ପ୍ରାର୍ଥନା କର
ପୁନଃ ଜନ୍ମରେ ପୁଣି ନାରୀଟିଏ ହେବାକୁ।
ନାରୀ ନୁହେଁ ଖାଲି ପ୍ରେମିକା
ସେ ଯଶୋଦା ମାତା
ରକ୍ଷିଣୀ ଭଉଣୀ
ପୁଣି ଜୀବନର ଅର୍ଦ୍ଧାଙ୍ଗିନୀ।
ବିଶ୍ୱ ଦରବାରରେ
ମାନରଖ ଯୁଗେ ଯୁଗେ
ଭାରତୀୟ ନାରୀର,
ରହୁଛି... ଶେଷ ବିଦାୟ।

ଶେଷ ସତ୍ୟପାଠ

ନେହା ! ତୁମେ ବିଶ୍ୱାସ କର ବା ନ କର କବିତାରେ ଯାହା କହିଛି ମୋ ଜୀବନର ଚରମ ସତ୍ୟତାକୁ ହିଁ କହିଛି। ମୁଁ ଗଢ଼ିପାରିଲି ନାହିଁ ଆମ ପ୍ରେମ ପାଇଁ ତାଜମହଲ ବା କୋଣାର୍କ, କିଲେଖ୍ୱପାରିଲି ନାହିଁ ଇତିହାସ।

ତୁମ ପ୍ରିୟ ପ୍ରେମିକ
ନେହାର ପ୍ରେମିକ: ହରିକୃଷ୍ଣ ବେହେରା

BLACK EAGLE BOOKS

www.blackeaglebooks.org
info@blackeaglebooks.org

Black Eagle Books, an independent publisher, was founded as
a nonprofit organization in April, 2019. It is our mission to
connect and engage the Indian diaspora and the world at large
with the best of works of world literature published on a
collaborative platform, with special emphasis on
foregrounding Contemporary Classics and New Writing.